CHRONIQUE DOUAISIENNE

de l'année 1857.

5 Janvier. — Adjudication des travaux de l'Hôtel académique : les adjudicataires sont MM. Fidon et Ducz.

9 Janvier. — On met à découvert des ossements d'hommes et de chevaux en travaillant dans un terrain dépendant de l'Arsenal.

7 Février. — Le conseil municipal décide la réouverture du cours de calligraphie supprimé depuis 1848. — Dans la même séance, le conseil prononce la suppression de la ruelle du Pied-d'argent.

11 Février. — L'assassin Longuet comparaît devant la cour d'assises de Douai. On se ferait difficilement une idée de la foule qui assiégea, pendant la durée des débats, le Palais-de-Justice et les abords. Longuet est condamné à la peine de mort.

26 Février. — Mort du docteur Escalier, qui lègue à la ville de Douai une riche galerie de tableaux et une magnifique collection de curiosités et objets d'art. L'église Notre-Dame, paroisse du défunt, hérite d'un dyptique de grand renom, provenant de l'abbaye d'Anchin.

1ᵉʳ Mars. — Installation du nouveau bureau de poste à Arleux.

11 Mars. — Exécution de Longuet. Un grand nombre de douaisiens, par un sentiment de curiosité inexplicable, se sont rendus à Cambrai pour assister à ce triste spectacle.

22 Mars. — Fusion de la Société philharmonique et de la Société chorale dite des Enfants de Gayant.

29 Mars. — La galerie Escalier est ouverte, pour la première fois, dans une salle du Musée, au public douaisien.

9 Avril. — M. le maire de Douai pose la première pierre des nouveaux bâtiments de l'Hôtel-de-Ville. Voici le texte du procès-verbal qui a été introduit dans l'intérieur de cette pierre.

« L'an mil huit cent cinquante-sept, le neuf avril à midi, sous le règne de Napoléon III, empereur des Français, et sous l'administration de MM. Maurice, chevalier de l'Ordre impérial de la Légion-d'Honneur, maire de Douai ; Piuquet, Philippe, et Bagnéris, Raymond, adjoints, a été posée la première pierre des nouveaux bâtiments destinés à l'agrandissement de l'Hôtel-de-Ville, lesquels sont construits d'après les plans de M. Meurant, architecte de la Mairie.

» En témoignage de ces faits, nous avons dressé le présent procès-verbal, que MM. les adjoints et M. l'architecte ont signé avec nous, les jours, mois et an susdits. »

— Dans sa séance de ce jour, le conseil municipal émet un avis favorable à l'expropriation de l'hôtel Wavrechain pour l'agrandissement de l'Hôpital-Général.

Le conseil décide à l'unanimité que le terrain occupé par la sépulture de MM. Escalier père et fils est concédé gratuitement et à perpétuité.

Le conseil adopte une proposition de M. le maire tendant à décider que, dans les nouvelles constructions qui seront nécessairement ajoutées au bâtiment du Musée, une salle spéciale sera destinée à la collection d'objets d'arts et d'archéologie donnée à la ville par le docteur Escalier, et que cette salle portera le nom de Musée-Escalier.

30 Avril. — Par arrêté de M. le maire, en date de ce jour :

« Il est fait itérative défense aux facteurs dits *bouleurs* près le marché aux grains de se livrer, soit par eux-mêmes, soit avec l'aide d'un étranger, à aucun acte de commerce qui ait quelque rapport avec le commerce de grains.— Il leur est défendu de tenir en dépôt chez eux ou dans les magasins qu'ils occuperaient, aucunes espèces de grains, à l'exception des graines propres à produire le fourrage, qui ne se vendent pas sur les marchés publics. »

8 mai. — Un arrêté ministériel de ce jour, donne la direction du théâtre de Douai à M. Gilbert-David.

26 mai. — On pose, au-dessus de la porte de la Fonderie, une cloche provenant de Sébastopol.

6 Juin. — Dans sa séance de ce jour, le conseil municipal décide qu'on demandera au gouverneur et aux régents de la banque de France l'institution à Douai d'une succursale de cet établissement.

12 Juin. — Un vol qui a fait sensation en ville a été commis, pendant la nuit, dans la gare du chemin de fer. On a enlevé du sac des dépêches, les lettres destinées à Douai. Le 13, au matin, le paquet de correspondances est retrouvé, dans un égoût de la ville, mais les lettres chargées en avaient été soustraites. Ce vol a été commis par un ex-employé des postes, nommé Boudet, de Cambrai. La même année, cet homme comparut devant la Cour d'assises et fut condamné à 20 ans de travaux forcés.

22 Juin. — Élections au corps législatif. M. Choque est de nouveau appelé à représenter l'arrondissement de Douai. Deux autres compétiteurs s'étaient mis sur les rangs ; le général Cavaignac et M. Lambrecht, propriétaire à Montigny. Les élections ont donné les résultats suivants : M. Choque, 13,247 voix ; M. Lambrecht, 4,178 ; le général Cavaignac, 1,691.

1er Juillet. — À partir de ce jour, il est ouvert, à l'Hôtel-Dieu, des salles destinées à l'accouchement des femmes mariées, et inscrites sur la liste des indigents.

20 Juillet. — Ouverture d'un établissement de panification mécanique, rue d'Équerchin, sous la direction de M. Lanciau.

5 Août. — Un décret impérial élève le Lycée de Douai de la seconde à la première catégorie.

17 Août. — M. le Sous-Préfet Garnier, va inaugurer à Aniches un établissement très-important : c'est une manufacture de glaces coulées, dans le genre de celle de St-Gobain.

18 Août. — Un incendie éclate à l'Hôtel-Dieu. Un bâtiment situé sur le derrière de cet établissement est la proie des flammes. Les malades furent évacués assez tôt pour qu'on n'ait point de plus grands malheurs à déplorer.

6 Septembre. — Paraît à Douai un nouveau journal ayant pour titre l'Industrie du Nord et du Pas-de-Calais, journal du Commerce et de l'Industrie du Nord de la France, cette feuille est appelée à donner un développement à l'industrie du Nord, c'est le premier qui s'est fondé à Douai dans ce genre, il a été créé par M. L. Crépin, éditeur.

— Ouverture, à Douai, de l'exposition agricole départementale. Notre Jardin-des-Plantes offre un spectacle grandiose. Entièrement transformé pour la circonstance, il renferme des quantités innombrables de produits agricoles et horticoles, et des machines de toute espèce et de toute dimension, des animaux de basse-cour, etc, etc.

9 Septembre. — Mort de M. Pilate-Prevost, secrétaire de la mairie, administrateur-trésorier de la société de Secours mutuels. M. Pilate, le type du citoyen utile et dévoué, a emporté dans sa tombe les regrets de toutes les classes de la population douaisienne. Ses funérailles étaient de celles qu'une ville n'accorde qu'à ses plus chers enfants. M. Pilate est mort à l'âge de 63 ans ; il était secrétaire en chef de la mairie depuis 33 ans. M. le Maire a prononcé un remarquable discours sur la tombe de ce digne douaisien ; il a rappelé les éminents services rendus par lui au pays ; puis parlant de son titre d'administrateur-trésorier de la société de Secours mutuels, M. le Maire a dit : « Il fut le véritable organisateur de cette précieuse association fondée en 1844, et depuis plus de 13 ans il en a été l'âme et le soutien, consacrant gratuitement tous ses jours de loisir, toutes ses heures de repos à cette œuvre sur laquelle il avait concentré cet ardent désir de faire le bien dont était pénétré son noble cœur. » En 1853, la société lui offrit une médaille d'or ; l'année suivante le gouvernement lui décerna une médaille d'honneur en or.—Qu'une croix de le Légion-d'Honneur eût été bien placée sur la poitrine d'un tel citoyen !

13 Septembre. — Clôture des solennités agricoles de Douai. La distribution des récompenses a lieu dans la salle de spectacle. Le soir il y a eu banquet. M. Martin, chef d'escadron, directeur de la fonderie, vice-président de la société d'Agriculture, a porté un toast à l'Empereur. Je crois bien faire en donnant, ici, place à ce toast ainsi qu'à ceux prononcés par M. le Sous-Préfet Garnier et M. V. Denis. Ce sont des souvenirs dignes d'être conservés : ils retracent en quelque sorte rapidement la fête qu'ils viennnent de couronner.

Toast de M. Martin.

• Messieurs,

Si je n'avais à porter la santé de l'Empereur qu'en ma qualité de soldat, ma tâche serait facile ; les faits parlent assez haut d'eux-mêmes, et la France, replacée à la tête des nations guerrières, sait comme nous à qui elle le doit.

Mais si mon incompétence ne me permet pas de saisir toute la portée des efforts que tente l'Empereur pour faire aussi de la France la première des nations agricoles , je sens d'instinct qu'en cela , comme en toutes choses , il marchera au but par la voie la plus directe et la plus sûre.

A la santé donc de l'Empereur, le protecteur éclairé et infatigable de l'agriculture française. — A la santé de celui qui s'est dit , avant tout , l'Empereur des paysans. Puisse la Providence lui accorder de longs jours pour mener à bonne fin toutes les entreprises en faveur de la gloire et de la prospérité de la France. — *Vive l'Empereur !* »

Toast de *M. le Sous-Préfet.*

« Messieurs,

La solennité qui nous rassemble laissera de précieux souvenirs et d'utiles enseignements à ceux qui en ont été les acteurs et les témoins.

Pour moi, messieurs, je n'ai jamais mieux compris qu'aujourd'hui l'honneur d'appartenir à l'administration du département du Nord , et je suis l'organe fidèle du gouvernement de l'Empereur en vous adressant ici publiquement les félicitations et les encouragements que vous méritez à tant de titres.

Persévérez , messieurs : la voie que vous suivez est celle du véritable progrès ; de celui qui assure le bien-être et la richesse de tous. Vous êtes les aînés de cette génération qui est appelée à transformer l'agriculture de la France, à en décupler les forces et les produits.

Vous voudrez, messieurs, rester toujours à la tête de ce mouvement progressif, auquel l'Empereur lui-même donne l'impulsion, et qui tend à faire un jour de notre pays la première des nations agricoles. Vous le voudrez, j'en atteste le concours empressé des cultivateurs, des industriels , des propriétaires réunis à cette fête de l'agriculture ; j'en atteste le succès éclatant des lauréats que vous avez proclamés.

Aux cultivateurs du département du Nord , à la prospérité de son agriculture ! »

Toast de *M. V. Denis.*

« Messieurs ,

Pour clore dignemnnt cette fête, je viens vous proposer un dernier toast qui, j'en suis sûr, réunira toutes les sympathies.

Je porte la santé de l'honorable vice-président de la Société impériale d'agriculture.

Honneur et merci à cet homme de tête et de cœur qui comprend et exprime si bien le rôle de l'épée et de la charrue. — A cet homme d'inspiration qui , pris à l'improviste, a si dignement suppléé à de regrettables absences.

A l'honorable M. Martin ! »

En effet , M. le Préfet du Nord d'abord , et ensuite M. de Guerne devaient présider la cérémonie. Le Préfet avait été appelé à Paris , et M. de Guerne était malade.

12 Octobre. — Départ du 19ᵉ bataillon de chasseurs à pied , qui avait été formé dans nos murs, et que nous avions si bien fêté, l'an dernier à son retour de Crimée.

22 Octobre. — Départ du 14ᵉ régiment d'artillerie qui tenait garnison à Douai depuis huit ans. Il est remplacé le même jour par le 13ᵉ régiment de la même arme.

22 Octobre. — Les bureaux de l'Académie, sont transportés dans les bâtiments du nouvel hôtel de la rue du Mont-de-Piété. M. le Recteur y prend également possession de l'habitation qui lui est affectée.

28 Novembre. — Mort du colonel Maroniez, commandant la place de Douai.

4 Décembre. — Le 13ᵉ régiment d'artillerie fait célébrer, en l'honneur de Ste-Barbe, une messe qui mérite d'être classée dans ces souvenirs. L'église St-Pierre était magnifiquement ornée, pour cette cérémonie ; il y avait dans le chœur un lustre immense et de grands trophées d'armes d'un travail admirable. Ces chefs-d'œuvre étaient uniquement composés de pièces d'armes.

15 Décembre. — M. Cornu, colonel du 36ᵉ régiment de ligne, est nommé commandant de la place de Douai, en remplacement de M. Maroniez.

J.-B. RICOURT.

HISTOIRE DE GAYANT. — SA FAMILLE.

La Flandre a toujours aimé les kermesses, les réjouissances, les fêtes dans lesquelles elle a retracé le caractère, les mœurs, les usages de ses habitants, symbolisé son génie guerrier et commerçant, décrit l'histoire de ses héroïques luttes nationales, de ses passions politiques, de ses enthousiasmes religieux.

Aussi toutes les villes de la Flandre ont célébré et célèbrent bruyamment, magnifiquement, les principaux anniversaires de leur existence historique. Au moyen âge, Lille, Valenciennes, Cambrai, Dunkerque, Douai, rivalisaient, d'éclat, de bruit, de somptuosité.

Cette dernière ville comptait pour sa part trois grandes fêtes annuelles :

La fête *des Anes*, célébrée au 1ᵉʳ janvier par des acteurs, des bouffons, des histrions vaguant par la ville sur des chars, se moquant d'une façon souvent fort licencieuse des prélats, des bourgeois, des procureurs ; parodiant les personnages ridicules de Douai ; critiquant par des comédies satyriques, des charges bouffonnes, les mœurs, les habitudes, les accidents de ménage des habitants de Douai ;

La fête du *Prince de la Rhétorique*, célébrée le 2 février par des trouvères, des poètes parmi lesquels on choisissait le *Prince de la Rhétorique* ; le lauréat, celui qui avait produit la meilleure pièce de vers en l'honneur de la Mère de Dieu ;

La fête de la *Confrérie des clercs parisiens*, ou clercs du grand Puy de Notre-Dame, pépinière des savants, des beaux esprits qui ont illustré la ville de

Douai , concours général où les poètes , les trouvères lisaient leurs ballades, leurs *chants royaux*, et recevaient une couronne d'argent quand ils sortaient vainqueurs de ce tournoi littéraire.

Enfin la grande procession nationale de Douai , la procession du géant Gayant et de sa famille, était destinée à rappeler les luttes héroïques de la ville de Douai pour garder son indépendance.

Voici l'origine historique de la procession de Douai et du géant Gayant :

Au commencement du ix⁰ siècle, Douai était livré au carnage et à la dévastation par des barbares. Jean Geion se met à la tête des habitants, surprend les ennemis endormis, en fait un massacre horrible et délivre ainsi sa patrie.

Par reconnaissance, les habitants de Douai promenèrent un mannequin géant , destiné à représenter Geion.

Cette fête ou procession fut instituée sous l'archiduc Maximilien, époux de Marie, duchesse de Bourgogne. On en trouve la preuve authentique aux archives de Douai :

« En 1480 a été instituée en l'honneur de Dieu, de toute la cour Cœlestiale et de monseigneur saint Maurand, une procession pour rendre grâce que par tel jour, 16 juin, cette ville fut gardée et conservée de l'emprinse que y feroient les Franchois pour le cuider s'en prendre. »

Louis XIV ayant pris Douai le 6 juillet, la procession fut fixée au 6 juillet au lieu du 16 juin.

Selon toute apparence, ce fut Charles-Quint qui, connaissant l'humeur inquiète des Flamands et leur goût pour les divertissements , introduisit ces représentations *gigantesques* perpétuées jusqu'à nous. Ces processions et fêtes annuelles concouraient puissamment à la prospérité du commerce et à la civilisation, en forçant les habitants de se réunir à certaines époques dans une ville, et de confraterniser.

La marche de la procession du géant Gayant et de sa famille était ainsi ordonnée :

En tête du cortège marchaient les deux chapitres Saint-Pierre et Saint-Amé, leurs habitués, les curés et les vicaires des paroisses ; les capucins. les récollets français et anglais, les minimes, les jacobins des deux collèges, les carmes chaussés, et déchaussés, les chanoines de la Trinité, les brigittens , les augustins.

Les chapitres, les paroisses et les maisons religieuses faisaient porter leurs reliquaires, leurs patrons, les bustes des saints qu'ils possédaient.

Puis venaient les corps civils, l'université, composée de cinq facultés, des principaux des collèges et des bacheliers, les douze échevins. les conseillers pensionnaires, procureurs-syndics , les greffiers, les vingt-quatre censeaux ou échevins escortés de leurs gardes-armés; toutes les corporations établies en jurandes, chacun suivant son ancienneté.

Chaque corporation avait à sa tête une grande bannière où se trouvaient attachés les attributs de son cops.

Les quatre compagnies des canonniers, des arquebusiers, des maîtres en fait d'armes et des arbalétriers, toutes en uniforme, les uns en rouge et argent, les autres en bleu et or, ayant chacun à leur tête un capitaine et un lieutenant, étaient précédées d'un homme emboîté dans un petit cheval d'osier, recouvert en peau, qu'on appelait le *sot des canonniers ;* il était affublé d'un bonnet garni de petites clochettes en forme de grelots.

Venait ensuite le géant *Gayant*, ayant vingt-un pieds , portant le costume militaire des anciens chevaliers, avec un casque et un large cimeterre en sautoir. Le cortège des processions actuelles a subi de grandes modifications ; mais il offre encore un spectacle curieux et instructif.

On y voit des costumes à ravir de joie les membres de la Société des antiquaires.

A la suite de Gayant vient, comme cela se doit, Madame Gayant en personne.

Madame Gayant, appelée par le peuple *Marie Saquenon*, a un pied ou deux de moins haut que son mari ; son costume varie suivant la mode. *Jacques* ou *Jacquot*, l'aîné des enfants, déjà armé chevalier, a environ quatorze pieds de hauteur.

Fillion, sa sœur cadette, est à peu près de la même taille.

Binbin, le plus jeune de tous, peut avoir neuf ou dix pieds ; il est habillé et coiffé en enfant, ayant un bourrelet autour de sa tête. Son air enfantin est très-bien exprimé. Pour le rendre plus intéressant sans doute, le peintre lui a fait des yeux qui louchent. Cela plaît beaucoup aux Douaisiennes qui l'appellent tendrement *nol tiot tourny*.

Ces cinq mennequins, dont les draperies cachent les porteurs, ont l'air de marcher vivants dans leur rêve étoilé, comme dit le poète.

Après la famille de Gayant vient la roue de la fortune, sur laquelle se trouve un procureur en grand costume, tenant une volaille à la main.

Un vaisseau dit *nauviro*, gréé de ses voiles et agréablement pavoisé, est traîné par six chevaux ; il est rempli d'une foule de masques, représentant des bateleurs, des cabaretiers et des étudiants.

En 1755, l'un de ces chars, alors sous la direction des jésuites, représentait la religion sous un dais avec ses attributs, environée de la Sainteté et de la Vérité ; elle touchait d'une main une colonne de marbre sur laquelle était placé le titre de la loi avec cette inscription : *Regnorum columen et decus*. La Flandre embrassait cette colonne et s'y tenait fortement attachée malgré les efforts que l'Erreur et l'Impiété faisaient pour l'en séparer ; elle avait pour symbole une vigne unie à un chêne, avec cette devise : *Mihi adhærere*. Plus bas la Piété et la Subordination se donnaient la main. La France, placée au milieu du char, recevait l'hommage de la Flandre.

Le second char représentait la gloire de la monarchie française affermie par la naissance du duc de Bourgogne.

Le troisièm e char représentait le triomphe de l'Eglise.

Ces chars ont disparu avec les jésuites .

Nous devons mentionner une seconde version sur l'origine historique de la procession Gayant.

Selon cette version, Gayant aurait été un grand seigneur habitant le château de Douai, d'où il comuniquait à sa campagne de Cantin par un souterrain. On allait même jusqu'à dire qu'il avait laissé des propriétés considérables pour célébrer chaque année sa fête et ses exploits.

Par malheur pour la véracité de cette légende, il n'y a jamais eu de souterrain de Douai à Cantin, et les prétendus tires des biens délaissés pour la fête ne se sont pas trouvés.

D'ail'eurs on vit des géants vainqueurs aux fêtes de plusieurs villes de Flandre, à Gand, à Bruges, à Dunkerque. Le géant Gayant personnifie donc, comme le veulent les Douaisiens, car ils aiment passionnément leur géant Gayant, et comme l'a prouvé pièces en main M. Dieudonné, la force vaillante, la résistance victorieuse à l'étranger.

Aucune ville ne s'est distinguée plus que Douai par son patriotisme et son ardeur belliqueuse.

La ville de Douai faisait partie de la France en 1212. Cette ville appartint au duc de Bourgogne en 1442, à la maison d'Autriche et à celle d'Espagne jusqu'au 6 juillet 1667, époque à laquelle elle est restée définitivement à la France qu'elle a aimée et servie jusqu'ici avec la fidélité, le patriotisme et le courage hérorïque de son illustre géant Gayant.

BENJAMIN GASTINEAU.

CHANSON DE GAYANT.

Allons, veux-tu venir, compère
Al procension de Douai ?
Al est si joulie et si gaye
Que de Valenciennes et Tournay.
De Lille, d'Orchies et d'Arras
Les plus pressés viennent à grans pas.
 Tra, la, la, la.

Allons, di en pau, men compère
Ché qu'un y véra tout dé bon ?
Un y véra Mary' Cagénon
Qu'al dans'ra au son du violon ;
Al y dans'ra étant assis,
Va men compèr' t'in s'ras surpris.

Te véra passer tous chés torches,
Chés corps d'métiers et chés marchands
Y sont si guais in révènant,
Qui révienn' tous presqu'in dinchant :
Si ché del joie ou del boëson,
J'nin sais ren, men compèr, Simon.

Te véra chez biel reu de forteune,
Queurir et marquier à grans pas,
Ché pour te dir' qué tout l' mond' va
Et tentot baut et tentot bas,
Aveucque chen biau avocat
Qui pleume cun' poule aveucq ses doigts.

Quand ché qu'un vient d'in l'rue au Cherf
Gayant est rengé à sen ren
Y dit à tous ses abitens
De s' divertir tertous brav'mint

Den c' jour si gaillard et si guay
Vous povez tous boëre à longs traits.

    Quand ché qu'un vient dans l' ruc d' l'Halle,
Gayant y quemenche à s' lasser;
Y dit à tous chés corps d' métiers,
Vous povez aller déjenner;
Mais quand chel ban cloque el sonn'ra,
Ej vos en prie, eu' tardez pas.

    En déchindant del ruc ed l'Halle,
Gayant veut déjenner aussi;
Y s'en va al mason D'sailly,
Un ly apporte du rôti
Aveucq del bierr' tout plein des brous,
Y n' s'in va point tant qui n' fuch' sou.

    Wette un pau, min compèr, v'là Jaques
Qui denche aveucq s'sœur Fillion,
Et v'là là-vas ech' p'tiot Binbin
Qui va sautant tout l' long d' sin qu'min
Turlututu v'là grant Gayant,
Tout en faijant des conter tems.

    Et lendemain chés père et mère,
A leux p'tits infants donn't congié;
Ché pour s'in aller prouméner
D'ssus l' place et chés grans marquiés.
Y vont d' mason en mason,
Pour ramacher d' liau ed soucrion.

    V'là déjà tros heures qui sonn't
El ju d' bal' y va quemencher.
Allons-nous-in d'in pas r'doublé,
Pour vir tons chés farauts juer;
L'on wette in haut, l'aut' wette in bas,
Y sont pus substils que des cats.

    Aux sons d' chés timbal's et trompettes,
O Verrons rimporter lé prix :
Y n'y a ren ed sy jouly,
Les gagnians séront réjouis,
Avec l'ball' d'argeint à leu mains,
Et dés bas d' soie à doubles coins.

    El prix est assez d' conséquenche,
Cinq servic's d'argeint les plus biaux;
O verrons passer chés farauts,
Aveucq des coquard' à leu capiaux
Pour aller fair' vir leu valeur,
A C' magistrat aveucq honneur.

ENVIRONS DE DOUAI.

CORBEHEM.

Nous publions une notice pour la commune de Corbehem, bien que nous ne l'ayons fait que pour celles de l'arrondissement de Douai. L'importance industrielle de cette commune, son peu de distance de Douai et ses rapports fréquents avec la ville justifieront suffisamment l'exception.

Corbehem, joli petit village situé dans un site pittoresque, à vingt kilomètres d'Arras, son chef-lieu d'arrondissement, et à proximité de Douai, mérite d'être placé au rang des plus belles commmunes de l'Artois, pour le nombre et l'importance de ses usines et de ses fabriques. L'œil ne s'y repose que sur des établissements démontrant une active industrie. Des propriétés entourées de kiosques, des maisons de campagne d'un style élégant, de nombreuses plantations d'arbres à la cime fort élevée font encore ressortir davantage le mérite de ce site délicieux. Joignez à toutes ces beautés la rivière de la Scarpe, formant des contours gracieux, revenant sur elle-même, comme si elle quittait à regret les champs fertiles qu'elle arrose et se réunir encore pour se jeter, par des écluses, en cascades, tombant en nappes, en filets, en pluies d'argent. Trois moulins, construits témérairement sur ses bords, annoncent que rien n'est capable d'arrêter l'audace de l'homme. C'est surtout pendant un orage que l'on peut jouir sans danger, mais non sans effroi, de ce beau spectacle.

Autrefois cette cascade pouvait coûter la vie à l'imprudent qui aurait osé en mesurer la profondeur; c'est ce qui a nécessité l'établissement d'une écluse lorsqu'en 1684 on rendit cette rivière navigable.

Cette terre relevait autrefois du château d'Oisy. Elle fut l'apanage d'un des cadets de la maison de Douai, et il en prit le nom en conservant ses armes. Elle passa dans celle des *Goy* ou *Gouy*, qui la possédait dans le XV⁰ et le XVI⁰ siècles. Jean de Gouy, l'un des seigneurs de cette maison, donna son nom à la rue qu'il habitait à Douai.

Le baron de Bacquehem, à qui elle appartenait en 1700, la vendit au sieur de Cambronne, de Douai.

La population de Corbehem, qui était fort peu considérable il y a vingt ans, est aujourd'hui quadruplée; elle s'élève avec la population flottante, à quinze cents habitants.

Corbehem n'était jadis qu'un chétif village, situé, il est vrai, dans une heureuse situaton, assis sur une terre fertile, maintenant c'est une commune importante par son commerce manufacturier, l'étendue et la beauté de ses fabriques et de ses usines.

Pour donner une idée plus précise de son importance, nous allons énumérer en quelques lignes tout ce qui doit fixer l'attention des curieux. Rien n'y est feint, rien n'est exagéré, nous nous appuyons sur des faits matériels.

Nous citerons d'abord la raffinerie de MM. Gracy frères, remarquable par son élégance et la simplicité de son architecture, le nombre et la disposition de ses salles remplies de machines, de chaudières et de toutes espèces d'objets classés avec autant d'ordre que de soin.

L'atelier de MM. Edouard Victoor, Fourcy et Cie ,tel qu'il est aujourd'hui, est un des plus beaux qu'il y ait dans les environs. il en sort toutes sortes d'objets de chaudronnerie, de chaudières à vapeur, d'appareils en tous genres, pour distilleries, sucreries. raffineries, brasseries, salines et savonneries. Quel effet magique ne produit-il pas cet établissement? Par son mouvement continuel, le bruit des marteaux sans cesse en cadence, enfin par des grues qui gémissent ou crient en élevant des fardeaux enormes. Tel est l'ensemble de cet établissement que les mécaniciens s'empressent de visiter.

Disons aussi que les exploiteurs de cet établissement se proposent d'adjoindre à leur atelier une fonderie modèle, ce qui offrirait un nouveau champ à notre industrie et de nouveaux avantages à notre commerce.

La distillerie de mélasse et la raffinerie de potasse de MM. A. Lefebvre et Cie. fort en renom pour leurs produits.

Le vaste local de MM. Kuhlmann et Cie., de Lille, pour la *revivification* du noir animal, dirigé par M Goutière, administrateur éclairé, se distingue par l'élégance de sa construction, son isolement et sa grande cour d'entrée.

L'étranger ne verra pas non plus les sucreries-raffineries de la Scarpe régies avec autant de savoir que d'activité par M. Théodore Dericq, sans être frappé de la bonne administration qui se fait remarquer dans ses usines de Corbehem, Brebières et Vitry.

Dans l'impossibilité de mentionner tous les établissements, nous ne pouvons passer sous silence l'atelier mécanique de M. J.-B. Delcourt. homme capable et d'intelligence. Les ouvrages sortant de cette maison étant assez connus et recherchés, dispensent de tous éloges de notre part.

Nous nous abstenons de faire la description des établissements inférieurs, mais il est avéré que Corbehem renferme toutes les industries ; aussi nous assure-t-on qu'il paie à l'Etat, pour son commerce seulement, de *cinq à six millions* de francs.

La consommation annuelle de Corbehem est extraordinaire ; nous donnons sous toutes réserves les quelques chiffres qu'il nous a été possible de recueillir :

300,000 kilogrammes de pain.
550,000 litres de bière.
  1,600 litres d'alcool et liqueurs.
    652 litres de vin.
  1,500 kilogrammes de tabac.

Corbehem compte en outre plusieurs maisons de campagne, qui font des résidences des plus agréables, telles que celle de M** Dumoulin, nommée le

Gaunois (1), remarquable par sa belle architecture, ses jardins spacieux, ses pieces d'eau admirables. Plusieurs maisons royales n'ont pas une plus belle apparence. Le château de la Bucquière, ancienne habitation de la famille de Bacquéhem, celle de MM. Adam, Wastellier du Parc, Paix et autres.

Corbehem, par son voisinage de la route impériale d'Arras à Douai et de ses canaux, offre des communications directes entre les principales villes du Nord et du Pas-de-Calais, et tout particulièrement pour son chemin de fer, ce qui facilite encore davantage ses rapports commerciaux avec cette ville. Le soir, Corbehem est éclairé comme une grande ville; le gaz y dissipe partout les ténèbres et rend la circulation aussi facile la nuit que le jour.

Louis LEPERCQ Fils.

---

(1) Le château du Gonois ou du Gaunois.

Cette belle habitation, aujourd'hui la demeure de Mme Dumoulin, veuve de l'honorable conseiller de ce nom, ancien membre du corps législatif, est un ancien fief de la commune ou village de Corbehem.

Ce fief appartenait en 1732 à Mme veuve de Franqueville, dont la fille épousa un M. de Calonne. Il appartint ensuite à M. Pierre-Francois-Louis de Calonne, écuyer, seigneur de Corbehem, de qui il passa, en 1678, à Mlle de Calonne (depuis Mme de Laurencin); cette dernière vendit le *Gaunois*, en 1793, à M. Ignace Vanlerberghe, le fameux entrepreneur général des subsistances sous la République et sous l'Empire, de qui, en 1807, il passa à M. Dumoulin. Mme De Laurencin était-elle parente du célèbre contrôleur des finances de Calonne? Nous l'ignorons, mais leurs noms s'écrivaient de même. Un frère de Mme de Laurencin, M. de Calonne de Beaufait, était un chevalier d'honneur au parlement de Flandre, en 1770. La mère de la trop fameuse Mme de Lafarge, dont on publie en ce moment les Mémoires, était, dit-on, la sœur de Mme de Laurencin.

Valenciennes, impr. Hore/Mans.

CHRONIQUE DOUAISIENNE
de l'année 1858.

14 JANVIER. — La nouvelle de l'attentat qui eut lieu ce jour là, à Paris, contre Leurs Majestés Impériales, est reçue avec indignation par toute la population douaisienne. Des adresses sont immédiatement votées par le Conseil municipal, la Cour impériale, l'Académie, le Tribunal civil, etc. etc. Un *Te Deum* solennel est chanté en l'église St-Pierre.

19 FÉVRIER. — En l'honneur de la mémoire de Céline-Louise Malotan de Guerne, dame de Maingoval, leur fille et sœur, Madame la comtesse douairière et ses quatre fils font donation au bureau de bienfaisance de la ville de Douai de 23 obligations du Crédit foncier de France, de 500 fr. chacune.

23 JANVIER. — Le Conseil municipal adopte le projet et le devis de construction de l'Entrepôt réel des douanes. Cet établissement, élevé sur la place St-Jacques, est maintenant à peu près achevé.

1er FÉVRIER. — Etablissement de la *Caisse commerciale et industrielle de Douai.*

3 FÉVRIER. — M. Filon, le premier doyen de notre Faculté depuis que cette institution est rétablie à Douai, est nommé inspecteur à Paris ; il est remplacé par M. Abel Desjardins.

13 FÉVRIER. — M. Garnier, sous-préfet, distribue solennellement, dans la grande salle de l'Hôtel-de-Ville, les médailles de Sainte-Hélène aux anciens militaires de Douai et de l'arrondissement.

6 AVRIL. — M. Jules Lepreux est nommé archiviste de la ville et secrétaire en chef de la Mairie, en remplacement de M. Pilate, décédé.

— Un arrêté municipal, approuvé par le Préfet du Nord, porte que la *rue du Mont-de-Piété* se nommera désormais *rue de l'Université.*

15 AVRIL. — Arrivée à Douai du maréchal Magnan, commandant de la première des grandes divisions militaires. Le maréchal est descendu chez M. le chevalier Bigant, Président de chambre à la Cour impériale.

16 AVRIL. — Un établissement industriel très-important commence à fonctionner à Douai : c'est la fabrique de limes élevée rue des Murs.

1er MAI. — M. Balthazar, par une disposition testamentaire, fait don au Musée d'une belle collection ornithologique.

5 MAI. — Les médaillés de Sainte-Hélène font célébrer, pour la première fois, un *Obit* solennel en mémoire de Napoléon Ier.

— Le conseil municipal vote, après lecture du rapport de M. le baron de Lagrange, une somme de 12.573 fr. pour la construction d'un *Kiosque* ou pavillon harmonique à élever sur la place St-Jacques.

6 MAI. — C'est ce jour-là qu'a eu lieu l'ouverture du cours de la Faculté dans l'amphithéâtre de l'Hôtel Académique.

8 JUILLET. — La ville renouvelle pour 30 ans, à partir de 1862, son bail avec le directeur de l'usine à gaz.

18 JUILLET. — L'ancien usage de faire assister une partie de la garnison à la messe du dimanche est rétabli. A partir de ce jour, la musique du 13e régiment d'artillerie joue tous les dimanches, à la messe de midi, en l'église de Saint-Pierre.

25 JUILLET. — Un ouragan épouvantable souffle sur notre ville pendant deux jours. Outre les dégâts de toiture, on a à déplorer la perte de presque tous les fruits des jardins de notre ville. La campagne a beaucoup souffert.

9 AOUT. — Le clergé de Saint-Jacques se réunit à Dorignies, sous la présidence de M. l'abbé Bataille, doyen-curé de la paroisse, pour procéder à la bénédiction et à la pose de la première pierre de la chapelle de ce hameau. La population toujours croissante de Dorignies rendait indispensable l'érection d'une église en ce lieu. Cet édifice, dédié à la Ste-Vierge, sous le titre de Notre Dame d'Espérance, est dû, comme l'indique l'inscription déposée dans la pierre, à la libéralité de M. le comte Duchatel, au concours dévoué de M. Delorme, son intendant, et aux souscriptions des habitants de Dorignies.

16 AOUT. — Le 13e régiment d'artillerie donne aux habitants de Douai le spectacle d'un magnifique carrousel sur la Berce-Gayant.

8 SEPTEMBRE. — Dans la séance du Conseil municipal de ce jour, M. Bommart, au nom de la commission chargée d'examiner le projet d'agrandissement de la bibliothèque et du Musée, donne lecture de son rapport. Le Conseil, adoptant les conclusions, vote une somme de 89,113 fr. 46 c.

1er OCTOBRE. — M. Druelle-Moreau, professeur-adjoint à notre école de dessin, est décédé à l'âge de 52 ans. M. Druelle avait su se faire apprécier par ses belles qualités et son talent.

11 OCTOBRE. — M. Jules Callier, peintre, fait don au Musée du portrait de notre célèbre sculpteur Bra.

21 OCTOBRE. — Le théâtre s'ouvre sous la direction de M. Voizel.

23 OCTOBRE. — Mort du général Delcambre. Le général Delcambre, vicomte de Champ-Vert, officier de la Légion-d'Honneur, chevalier des Ordres royaux et militaires de Saint-Louis, de la Couronne de Fer et d'Italie, de l'Aigle-Rouge de Prusse, médaillé de Sainte-Hélène, né à Douai le 10 mars 1770, est mort à Paris le 23 octobre 1858.

4 DÉCEMBRE. — Le 13e régiment d'artillerie fait célébrer, en l'église Saint-Pierre, en l'honneur de Sainte-Barbe, une messe solennelle dont les habitants de Douai garderont long-temps le souvenir, à cause de la grandiose ornementation que l'on avait faite avec des pièces d'armes.

11 DÉCEMBRE. — Affaire Lemaire.
Cette affaire avait excité au plus haut point l'attention du public, autant par la position des prévenues que par la considération dont elles jouissaient. Les deux sœurs Lemaire, reconnues coupables de vol au détriment du sieur Levrin, leur propriétaire, ont été condamnées chacune à six mois de prison.

16 DÉCEMBRE. — Notre ville a perdu, le 16 de ce mois, l'un de ses concitoyens les plus distingués, et par l'esprit et par le cœur, M. Bommart-Dequersonnière. Il s'est éteint à l'âge de 79 ans, au sein de sa famille désolée, dans la retraite où il s'était depuis long-temps confiné, après une vie remplie de la manière la plus digne et la plus honorable.

C'était un homme de bien, dans la plus complète acception du mot; chaleureusement sympathique à tout ce qui est bon, loyal et noble, cœur généreux, charitable, esprit élevé, nourri sans cesse de solides lectures et de sérieuses méditations; savant profond, quoique peu connu, parce qu'il était trop modeste; caractère enjoué, aimable, gracieux, qui répandait autour de lui un charme irrésistible. Sa fin a été celle du sage, du philosophe chrétien, le soir d'un beau jour. Il a laissé pour le continuer, des enfants tous distingués et éminents comme lui.

Nous signalons cette perte, saluant, au nom de tous, et d'un dernier adieu, l'homme de bien qui a passé parmi nous. Il ne faut pas que ceux dont la vie fût un modèle disparaissent d'une cité sans autre témoignage que le souvenir éphémère de quelques contemporains et le constat de l'état-civil. A quoi servirait d'aimer et pratiquer le bien si notre mémoire devait descendre avec nous dans la tombe, et si la justice du pays ne soulevait pas le voile de la retraite modeste et paisible où se dérobe le sage, en attendant la mort et la justice de Dieu ?

(Reproduction interdite).   J.-B. RICOURT.

CHRONIQUE DOUAISIENNE.

Troubles à Douai en 1578.— Tentative que font les patriotes pour s'emparer de la ville en 1579. — Guet apens préparé par Josse de Zoete, sieur de Villers, gouverneur de Bouchain, à l'égard des habitants de Douai, le 21 juin 1580.

A la fin du XVI⁰ siècle, toutes les provinces des Pays-Bas se ressentaient des guerres de religion qui agitaient la France et l'Allemagne. Philippe II avait à lutter contre les réformés irrités de la sévérité outrée du duc d'Albe qu'il venait de rappeler.

Le gouvernement est confié aux Etats-Généraux. Ceux-ci nomment pour président l'archiduc Mathias, auquel ils donnent pour lieutenant le prince d'Orange qui gouverne en attendant son arrivée. Don Juan, nommé capitaine-général des Pays-Bas, arrive dans l'intervalle, bat auprès de Gemblours l'armée des Etats-Généraux qui ne voulaient pas le reconnaître, obtient quelques succès et meurt.

Les Etats-Généraux sont divisés en catholiques et en réformés. Parmi les premiers se trouvent les partisans du roi d'Espagne, ceux du duc d'Alençon et enfin ceux du comte palatin Casimir ; parmi les seconds, les Orangistes et les Malcontents. C'est au milieu de cet état de choses qu'Alexandre Farnése, duc de Parme, arrive. Il promet de ne pas rétablir l'inquisition et profitant de la discorde qui règne entre les membres des Etats-Généraux, leur prend quelques places et va mettre le siège devant Tournai, qui est défendue héroïquement par la princesse d'Epinoi (1).

Douai, pendant que ces événements se passaient, était restée fidèle au roi d'Espagne, malgré les efforts tentés par le prince d'Orange et les réformés pour s'en emparer : la première fois le 15 octobre 1578, la seconde le 16 avril 1579.

---

(1) Philippote-Chrestienne de Lallaing, appelée aussi Marie-Philippine, épouse de Pierre de Melun, prince d'Epinoy, baron d'Antoing, gouverneur de Tournai, défendit cette place en l'absence de son mari et fut même blessée sur la brêche. Elle sortit de Tournai, qu'elle avait défendue pendant 59 jours, après avoir obtenu une capitulation à des conditions honorables. (Brassart, *Histoire des comtes de Lalaing*. Douai, 1854, page 50).

Le 15 octobre 1578, les bourgeois de Douai excités par les partisans du prince d'Orange, qui font courir le bruit que Tournai est tombée au pouvoir des Français et qu'on va envoyer des troupes à Douai, se réunissent sur le Marché aux Poissons. Ils prennent le nom de patriotes ou défenseurs de la patrie et empêchent de passer tous ceux qui n'ont point le mot d'ordre qui était celui de PATRIOTE.

« Henri de Nebra, lieutenant du gouverneur, rencontre dans la rue un bourgeois avec des armes et le fait mettre en prison. Les bourgeois l'ayant appris, se portent en grand nombre à la prison et demandent la liberté de leur concitoyen. Henri de Nebra n'ayant pas de forces suffisantes pour résister et craignant d'irriter les insurgés, ordonne d'ouvrir les portes.

Les factieux vont ensuite à la maison du sieur Dion, se dirigent vers le refuge d'Anchin où était logé le sieur d'Estrées, vers l'hôtel d'Abancourt, situé non loin de l'église Saint-Albin, où se trouvait le seigneur de Bruille, mettent au pillage les demeures de ces gentilshommes et maltraitent leurs femmes et domestiques pendant toute la nuit. C'est en vain que le gouverneur et le magistrat interviennent, leur autorité est méconnue. Le lendemain matin, l'audace des révoltés augmente avec leur nombre; ils parcourent les rues en criant qu'il faut chasser les étrangers et défendre la patrie. Les capitaines des bourgeois à la tête de leur compagnie, tambours battants, enseignes déployées, se réunissent sur le Grand Marché (1) au nombre de seize. Excités par le peuple, ils demandent au magistrat l'expulsion des étrangers; le magistrat embarrassé essaie de calmer les révoltés, envoie des députés, promet d'accorder ce qu'on veut et exhorte les insurgés à rentrer chez eux. Ceux-ci ne veulent rien écouter et demandent que le magistrat rende une ordonnance publique qui chasse de la ville non-seulement les étrangers et les jésuites, mais aussi les étudiants, et cela avant quatre heures après midi. Le magistrat effrayé des menaces de mort que la foule irritée profère contre lui et voyant qu'il est impossible de faire entendre raison à ces forcenés, rend une ordonnance qui expulse de la ville les jésuites et tous les étrangers qui ne l'habitent pas depuis plus de trois mois.

Les factieux se portent aussitôt au collège d'Anchin, occupé par les jésuites, forcent ces derniers à sortir du collège et les font conduire sous escorte jusqu'à la porte Saint-Eloy. Pendant ce temps le collège est livré au pillage; ils brisent tout ce qu'ils rencontrent, vident les caves et mangent le dîner des élèves qui était servi. Les sieurs Dion, d'Estrées, de Bruille et plusieurs étrangers qui n'avaient pas trois mois de résidence, quittent aussi la ville.

Depuis trois jours Douai était au pouvoir des patriotes, lorsque le bruit se répand qu'une colonne sortie de Lille se dirige sur cette ville. Quelques personnes affirment même avoir vu l'avant-garde au village de Rache. Le magistrat profite du mo-

____

(1) Aujourd'hui place d'Armes.

ment de terreur que cette nouvelle cause aux patriotes , lève à la hâte quelques centaines de bourgeois armés et envoie le bailli de la ville avec ses sergents pour prendre les auteurs de cette rébellion. Ceux-ci prévoyant le sort qui les attendait s'étaient sauvés à Gand ou dispersés dans le pays. Tout rentra ainsi dans l'ordre sans que le magistrat eût à sévir , et le six novembre suivant , le décret arraché par la violence au magistrat étant révoqué , les jésuites furent réintégrés au collége d'Anchin.

Pendant que ces faits se passaient , Jean Vandeuil , docteur en droit et premier professeur de cette faculté à Douai, zélé partisan de la religion catholique , ne cessait de blâmer la conduite du prince d'Orange. L'ayant appris, ce dernier fait appeler Vandeuil à Bruxelles, l'accusant d'être traître à la patrie; Vandeuil s'y rend, se défend et triomphe. Obligé cependant de se retirer à Liége , il ne tarde pas à être rappelé à Douai où il revient. Son zèle pour la religion et son attachement à son souverain n'étaient pas diminués ; il continua à condamner la conduite du prince d'Orange , qui envoya au magistrat l'ordre de le faire arrêter. Averti à temps , Vandeuil se réfugia à Paris ; mais bientôt rappelé par le magistrat, il recommença ses leçons avec honneur. Peu de temps après étant devenu veuf , il entra dans l'état ecclésiastique et fut nommé , en 1588, par le roi d'Espagne, autant pour ses mérites que pour ses services , évêque de Tournai , où il décéda , le 15 octobre 1592.

Le 16 avril 1579, les patriotes qui s'étaient retirés à Gand , essaient de surprendre la ville avec le secours de leurs parents et de leurs partisans qui y étaient restés.

Pésarange , piémontais d'origine , chassé de Douai pour cause d'usure , les dirige ; les états leur fournissent quatre compagnies, ce qui porte leur nombre environ à quatre cents hommes. Accompagnés de trente cavaliers , ils partent de Gand , arrivent dans les environs de Douai, sans que le bruit de leur expédition ait transpiré. Pendant la nuit, ils s'approchent de la porte d'Ocre et attendent l'heure où elle va s'ouvrir , pour pénétrer dans la ville. Un fermier de Douai , nommé Jean Bauchant , sorti de la ville le matin pour labourer ses champs , les aperçoit ; étonné de voir un si grand nombre d'hommes armés et se doutant que cela cache une entreprise contre Douai , il monte sur un des ses chevaux et se dirige en toute hâte vers la ville. Poursuivi par quelques cavaliers de la troupe de Pésarange , il arrive à temps pour donner l'alarme à la garde de la porte et tombe même , dit on , sous les coups de ceux qui le poursuivaient. Aussitôt les bourgeois prennent les armes , on tire le canon des remparts sur les patriotes. Voyant les portes fermées et leur entreprise connue , ils se retirent. Un de leurs partisans qui pensait sortir de la ville pour les rejoindre est arrêté. Décapité peu de jours après , sa tête placée au bout d'une perche, est mise au haut du beffroi.

Les patriotes, après les deux échecs qu'ils venaient d'éprouver, avaient vu l'impossibilité de s'emparer de la ville de Douai pour la mettre au pouvoir des Etats. La tranquillité commençait à renaître, lorsque les Douaisiens furent victimes d'un guet-apens horrible dont Josse de Zoete, sieur de Villers, fût l'inventeur.

Josse de Zoete, gouverneur de Bouchain, qui tenait le parti des États, connaissant l'attachement des bourgeois de Douai pour le roi d'Espagne, fit écrire au sieur de Hertain, lieutenant du gouverneur de Douai, par l'entremise de Grobbendonck (1) son lieutenant. Grobbendonck, feignant de trahir le gouverneur de Bouchain, fait savoir au sieur de Hertain que, décidé à remettre la ville au roi d'Espagne, et sûr de pouvoir se rendre maître du gouverneur, il l'introduira dans la ville s'il veut se présenter avec sa troupe au jour et à l'heure indiqués. Jean Poré, natif de Hordaing, ignorant la trahison que médite le gouverneur, est chargé de porter cette missive à M. de Hertain. Ce dernier en ayant pris connaissance, en fait part au magistrat, au baron de Selles, gouverneur de Saint-Omer, ainsi qu'à plusieurs gentilshommes alors à Douai.

Tous déclarent qu'il faut profiter d'une si belle occasion de mettre Bouchain au pouvoir du roi, et M. de Hertain fait même répondre par le messager qu'il donnera au sieur Grobbendonck 400 livres de gros aussitôt que la porte sera ouverte et qu'il aura pénétré dans la ville.

M. de Hertain, accompagné du baron de Selles, de M. Langlet, capitaine de la garnison, de M. de Cuvillers, de M. de Bugnicourt et de M. de la Tramerie, prend le commandement de l'expédition. On part le lundi soir pour arriver le mardi matin, 21 juin 1580, ainsi que cela était convenu. Un grand nombre de bourgeois, précédés d'un étendard sur lequel était représenté St.-Maurand, patron de Douai, les accompagne. Leur troupe se grossit de paysans des villages voisins, heureux de pouvoir mettre un terme aux maraudages que la garnison de Bouchain ne cessait d'exercer sur leurs champs. Ils arrivent à l'heure indiquée. Grobbendonck les attend à la porte de Bouchain située du côté de Douai, et les fait passer un à un par un étroit guichet. Le gouverneur en laisse entrer un assez bon nombre, et jugeant qu'il pourra facilement s'en rendre maître, fait baisser la herse. Le baron de Selles essaie de résister, se défend vaillamment, voit tomber quelques-uns des siens à côté de lui, reçoit une blessure et se trouve forcé de se rendre avec tous ceux qui l'ont suivi. Jacques Moullart, frère de l'évêque d'Arras, qui faisait partie de l'expédition, y perdit la vie. M. de la Tramerie, qui était descendu de cheval, à la vue de ce misérable passage se doutant que cela cachait quelque ruse, remonte à cheval, prend la fuite et parvient à s'échapper. Les troupes que Josse de Zoete avait fait venir de Cambrai, placées en embuscade dans la basse-ville avec celles de Bouchain, sortent

---

(1) Jean Doudelet, dans des annotations manuscrites de 1619, mises à la suite d'un exemplaire des chroniques et annales du Hainaut, de Jacques de Guise, page 178, bibliothèque de Valenciennes, fond. Benezech, l'appelle Grebendon et nous apprend qu'il était né au faubourg Cardon de Valenciennes.

par le pont Rabté et tombent sur ceux qui étaient restés dehors. Ces derniers ignorant ce que cela voulait dire et pensant que leurs partisans entrés sont maîtres de la ville, se rapprochent de Bouchain où ils espèrent pénétrer. Le canon de la ville est alors dirigé contre eux ; pris entre deux feux et s'apercèvant qu'ils sont trahis, ils se mettent en défense, ne parviennent à s'echapper qu'en perdant un grand nombre des leurs et vont porter à Douai la nouvelle de cette triste défaite. La désolation est à son comble parmi les habitants de Douai : chacun cherche ses parents ; partout se font entendre des pleurs et des gémissements.

Tous ceux qui étaient entrés dans Bouchain furent faits prisonniers et enfermés dans l'église. Quelques jours après, liés deux à deux, ils furent menés à Cambrai, qui tenait le parti des Etats, et incarcérés à l'abbaye de Saint-Aubert et autres lieux. Mis à rançon, la plupart furent rachetés par leurs parents, ce qui causa la ruine de plusieurs familles de Douai.

Le prince de Parme, averti de cette lâche trahison, promet de venger les habitants de Douai. L'année suivante il envoie un détachement mettre le siége devant Bouchain. Josse de Zoete n'ignorant pas qu'une petite ville comme Bouchain ne peut résister longtemps et craignant d'irriter le prince de Parme par une trop longue défense, offre de rendre cette place à la condition que lui et sa garnison pourront se retirer à Cambrai, jurant de se défendre jusqu'à la dernière extrémité et de faire sauter la place, si on ne veut pas accepter ses conditions. Le colonel chargé de diriger le siége sachant qu'il ne peut avoir l'artillerie nécessaire, l'armée espagnole en ayant besoin pour continuer le siége de Tournai, accepte ces conditions. Josse de Zoete qui craignait que les Douaisiens ne vinssent le poursuivre, se retira en toute hâte à Cambrai. Les habitants de Douai à cette nouvelle firent chanter un Te Deum dans toutes les églises et allumer des feux de joie.

La copie d'un manuscrit du temps nous ayant conservé les noms des prisonniers tant de Douai que du village de Sin, nous croyons faire plaisir à nos lecteurs, dont plus d'un pourra rencontrer le nom de ses ancètres, en publiant ces deux listes, dont nous ne connaissons qu'un exemplaire.

Liste des seigneurs :

M. de Selles (1). — M. de Hertain.— M. de Cuvillers (2).— M. de Langlet. — M. de Bugnicourt (3).

---

(1) Jean de Sainte-Aldegonde de Noircarmes, baron de Selles, conduit de Cambrai au château de Rammekens, en Zélande, mourut en prison.

(2) Probablement Philippe-François de Henin, sieur de Cuvillers, baron de Fosseux.

(3) La terre de Bugnicourt, passée par mariage de la maison de Lalaing dans celle de Lannoy, appartenait alors aux enfants de Philippe de Ste.-Aldegonde, mort le 5 mars 1574 d'une blessure reçue au siége d'Arlem. Il avait épousé Anne de Lannoy, dame de Bugnicourt.

Liste des bourgeois douaisiens :

Jean Lallart. — Maximilien Seulman. — Jacques Hemielles. — Maître Jean-Louis.—Michel Becquet.—Bauduin Maugré.—George Ledoulx.— Maître Pierre Remi.—Antoine d'Oby.— Jean Taisne.— Jean François. — Rolland Planchon. — Jacques de Plouvain. — Etienne de la Plache. — Pierre Devrez. — Jean Cirie le josne. — Rolland Lanvin. — Laurent Menio. — Pollice Rocquet.—Bauduin Maugré.—Mille Fo..ert. — Michel Depil.— Andrieu de Wally.— Simon Le Vasseur. — Mathieu Delerue. — Antoine Lefort. — Charles Le Roy. — Grégoire Simon.—Charles Beaucamp.—Pierre Copin.— Louis Copin.— Jacques Lebrun.—Claude Laude.—Guillaume de Cambray.—Piat Legrand.—Eustache Dentiere.—Robert Dumont. — Bon Lenglet. — Martin Lego. — Abel Lesaige. — Jean Boursin. — Jean Gilles.— Augustin Bury.— Pierre Simon, fils de Josse.—Jean Dobignies.— Nicolas Le Michel *dit* Lagar.—Mathieu Lerançon. — Michel Remi *dit* Balan.—Martin Mineraux *dit* Sans-Tête.— Jean Fourmestrau. — Riquelo Depot. — Etienne Lecoq.— Jean Ditiet.—Servais Floris.— Jacques Bernard.— Michel Caillet. —Marin Lebon.—Jean Savari.—Michel Le Simon. — Jean Simon. —Claude Deleplanque. — Antoine Demesurel. — Amé Dourgois.— Jean Péregrin. — Seurin de Ranelenghem.— Geri Vergo. — Jean Godran.—Jean Pagnié.—Jean Torre.—Charles Lebrin.—Jean du Tilloi.—Jean Bloitaque.—Pierre Bloitaque.—Augustin Bloitaque. — Hercules Merlin.—Vast Selax.—Martin Saultoi.—Michel Martin. —Jacques Dusaet. — Guillaume Pronié. — Thomas Delabruier.— Gilles Inocent.—Augustin Geri.—Polrus Cocquet. — Paquet Quedeville. — Daudechon Leglus. — Gerard Viche josne fils. — Jude Pamart josne fils. — Regnaut Taion josne fils.

Liste des paysans du village de Sin menés aussi à Cambrai et mis à rançon.

Antoine Tiefries. — Jérôme Tiefries. — Thomas Dupire.— Antoine Dubuisson.—Jean Morand.—Hercules Masi.— Jacques Joy. —Jean Merion. — Laurent Godefroy. — Messire Jean de Villers, prêtre.— Jean Vallin le josne. — Jean Delecol l'aisné. — Mathieu Sibille.—Philippe Pollet. — Nicolas Willemart.— Jean Degrange. —Ambroise Delemotte.— Philippe Dourges. — Martin Cappart.— Gilles Maillet.—Olivier Martin.— Jean Maurandt le josne.— Jacques Panmart.— Prius Dumont. — Jean Maurand l'aisné.—François Cappart.

A. D.

(Propriété de l'éditeur).

Douai. — Imprimerie de Mme Ceret-Carpentier et Ad. Obez.

38